MYSTISCHE NATUR

Die meisten Menschen wissen gar nicht,
wie schön die Welt ist,
und wieviel Pracht in den kleinsten Dingen,
in irgendeiner Pflanze, einem Stein, einer
Baumrinde oder einem Birkenblatt
sich offenbart.

Rainer Maria Rilke
(1875 - 1926)

Renate Strang

MYSTISCHE NATUR

Sichtbar auf gespiegelten Fotos

Bibliografische Information der Deutschen Nationalbibliothek:
Die Deutsche Nationalbibliothek verzeichnet diese Publikation in der Deutsc
hen Nationalbibliografie; detaillierte bibliografische Daten sind im Internet über
dnb.d-nb.de abrufbar.

Titel, Fotos und Gestaltung: Renate Strang
Verlag: BoD • Books on Demand GmbH, In den Tarpen 42, 22848 Norderstedt
Druck: Libri Plureos GmbH, Friedensallee 273, 22763 Hamburg

ISBN: 978-3-7597-2008-5

Einführung

„Und jedem Anfang wohnt ein Zauber inne", schreibt Hermann Hesse in seinem Gedicht „Stufen". Vielleicht ist dieses Buch für Sie der Anfang einer zauberhaften Reise in die mystische Welt hinter der Fassade von Bäumen, Steinen, Blumen – von den Kindern der Natur.

So wie jeder Mensch eine Seele hat und in seinem Inneren Bilder von Erlebtem speichert, so ist es auch bei unseren Mitbewohnern in der Natur. Wer offenen Auges durch Wälder, Felder und Wiesen streift, sieht vielleicht hin und wieder Gesichter, die ihn aus Bäumen oder Steinen anblicken. Mit der Technik des Spiegelns von Fotos offenbaren sich auch dem weniger geübten Auge Einblicke, die zum Staunen und Nachdenken einladen.

Unsere Ahnen waren von der Existenz von Naturwesen überzeugt, sie glaubten an eine belebte, beseelte Natur und brachten ihr Respekt entgegen, so wie es heute noch indigene Stämme rund um den Erdball machen. Die Naturwesen haben sich von den modernen Menschen zurückgezogen, aber sie wirken immer noch in der Natur, bewohnen Bäume, Steine, Pflanzen und helfen ihnen, zu gedeihen und ihre irdischen Aufgaben zu erfüllen.

In den gespiegelten Bildern kann man die Wesen sehen, aber nicht nur sie. Sie zeigen auch Erinnerungen, die sich in das Äußere eingegraben haben. Mystische Gesichter, wilde Tiere und erhabene Wächter scheinen in die Oberfläche gemeißelt und laden ein, in ihre Geschichten einzutauchen.

Gehen Sie mit den Fotos in diesem Buch auf eine spannende Entdeckungsreise und bilden Sie sich selbst ein Urteil über die Welt im Verborgenen. Drehen Sie das Buch und schauen Sie sich die Fotos auch auf dem Kopf stehend an. Sie werden staunen …

Alle gespiegelten Bilder basieren auf Fotos, die ich selbst gemacht habe. Sie sind ohne KI-Unterstützung entstanden, wurden von mir nur aufgehellt oder geschärft.

Zu den Bildern habe ich Texte und Zitate ausgewählt, die in meinen Augen passend erscheinen.

Ich wünsche Ihnen viel Freude beim Lesen und Betrachten der gespiegelten Fotos.

Ihre
Renate Strang

Der Stein spricht

Ich bin ein Stein
Ich habe Leben und Tod gesehen
Ich habe Glück erfahren, Sorge und Schmerz
Ich lebe das Leben des Felsen
Ich bin ein Teil unserer Mutter Erde
Ich fühle ihr Herz schlagen an meinem
Ich fühle ihren Schmerz
Ich fühle ihr Glück
Ich lebe das Leben des Felsen
Ich bin ein Teil unseres Vaters, des großen Geheimnisses
Ich habe seine Trauer gefühlt
Ich habe seine Weisheit gespürt
Ich habe seine Geschöpfe gesehen, meine Geschwister, die Tiere, die Vögel,
die redenden Wasser und Winde, die Bäume und alles auf der Erde und alles
im Universum
Ich bin den Sternen verwandt
Ich kann sprechen, wenn du zu mir sprichst
Ich höre zu, wenn du sprichst
Ich kann dir helfen, wenn du Hilfe brauchst
Aber verletze mich nicht, denn ich kann fühlen wie du
Ich habe Kraft zu heilen, doch du musst sie in mir suchen
Vielleicht denkst du, ich sei nur ein Stein, der in der Stille liegt, auf feuchtem
Grund
Aber ich bin mehr
Ich bin ein Teil des Lebens
Ich lebe
Ich diene denen, die mich achten

Gebet der HOPI-Indianer

Dieses Gewächs gleicht dem Menschen.
Es hat seine Haut, das ist die Rinde;
sein Haupt und Haar sind die Wurzeln;
es hat seine Figur und seine Zeichen,
seine Sinne und die Empfindsamkeit im Stamme.
Sein Tod und sein Sterben sind die Zeiten des Jahres!

Paracelsus (1493/94 - 1541)
schweizer Arzt, Naturphilosoph, Naturmystiker, Alchemist, Laientheologe und Sozialethiker

Du spürst, wie die Blumen die köstlichen Düfte versenden
und grübelst, wie aus so winzigem Ort
dieser Duftstrom mag kommen
und begreifst, dass in solcher Mitte
die Ewigkeit ihre unvergänglichen Tore öffnet.

William Blake (1757 - 1827)
englischer Dichter, Mystiker und Maler

Steine sind Lebewesen.
Wir sind kein totes Material und fühlen Schmerzen,
wenn ihr zum Spaß auf uns herumklopft,
um zum Beispiel Fossilen freizulegen.
Wir mögen auch nicht, wenn auf uns herumgehüpft wird,
nur weil es Spaß macht, von Stein zu Stein zu springen.
Das tut uns weh. Wir lassen uns gern zu einem Haus
verbauen, aber wir mögen nicht zu eurem Vergnügen
misshandelt werden.

Zitat der Steingeister

Doch die Existenz der Engel,
Die bezweifelte ich nie;
Lichtgeschöpfe sonder Mängel,
Hier auf Erden wandeln sie.

Heinrich Heine (1797 - 1856)
deutscher Dichter und Romancier

Und wo das Wasser klar und rein,
da wohnt der Geist, die Wasserfee;
ein Hauch, ein Wispern, zart und fein,
im Silberglanz der Abendhöh'.

Franz Grillparzer (1791 - 1872)
österreichischer Schriftsteller

So wahr und gut es wäre, den Kindern frühzeitig
Geographie zu lehren, so bin ich doch der Meinung,
dass man mit den nächsten Umgebungen der
bildenden Natur anfangen müsse.
Alles, was auf ihre Augen und Ohren Eindruck macht,
erregt Aufmerksamkeit: Sonne, Mond und Sterne,
Feuer, Wasser, Schnee, Eis, Wolken, Gewitter, Tiere,
Pflanzen und Steine.

Johann Wolfgang von Goethe 1749 – 1832
deutscher Dichter, Politiker und Naturforscher

Der Wald ist ein besonderes Wesen,
von unbeschränkter Güte und Zuneigung,
das keine Forderungen stellt
und großzügig die Erzeugnisse
seines Lebenswerks weitergibt;
allen Geschöpfen bietet er Schutz
und spendet Schatten selbst dem Holzfäller,
der ihn zerstört.

Siddharta Gautama Buddha (um 560 – um 480 v. Chr.)
indischer Religionsstifter

Pilze sind das Lächeln der Erde,
geheimnisvoll und wunderschön.

Kurt Tucholsky (1890 – 1935)
deutscher Schriftsteller

Steine sind die Hüter der Geschichte.
Sie erinnern sich an alles, was geschehen ist,
und erzählen es weiter, wenn man sie zu verstehen weiß.

Weisheit der Hopi

Jeder Baum hat seinen Geist
und seinen Platz im großen Kreis des Lebens.
Er lebt und atmet und gibt dem Land seinen Segen.

Weisheit der Ojibwe:

Wasserfall bei Nacht

I.

Ruhe, Ruhe, tiefe Ruhe.
Lautlos schlummern Menschen, Tiere.
Nur des Gipfels Gletschertruhe
schüttet talwärts ihre
Wasser.

Geisterstille, Geisterfülle,
öffnet Eure Himmelsschranke!
Bleibe schlafend, liebe Hülle,
schwebt, Empfindung und Gedanke,
aufwärts!

Aufwärts in die Geisterhallen
taste dich, mein höher Wesen!
Laß des Leibes Schleier fallen,
Koste, seingenesen,
Freiheit!

II.

Unablässig Sinken
weißer Wogenwucht,
laß mich, deine Bucht,
dein Geheimnis trinken.

Engel wölken leise
aus der Wasser Schoß,
lösen groß sich los
nach Dämonenweise.

Strahlen bis zum bleichen
Mond der Häupter Firn …
Und auf Schläfer-Stirn
malen sie das Zeichen …

Taufen gern Erhörten
mit der Weisheit Tau.
Und von ferner Schau
dämmert dem Enttörten.

Christian Morgenstern (1871 - 1914)
deutscher Schriftsteller, Dramaturg, Journalist und Übersetzer

Steine sind wie Menschen.
Sie haben ihre eigene Geschichte,
ihren eigenen Geist.
Wir müssen sie respektieren
und von ihnen lernen.

Weisheit der Cheyenne

Wenn ein Baum stirbt, fällt er um.
Wenn ein Mensch stirbt, fällt er um.
Aber die Seele des Baumes geht in den nächsten Baum
und die Seele des Menschen in den nächsten Menschen.

Weisheit der Cherokee

Des Pilzes Wunderwelt, so zauberhaft und fein,
sie lehrt uns staunend sehen und dankbar sein.

Christian Morgenstern (1871 - 1914)
deutscher Schriftsteller, Dramaturg, Journalist und Übersetzer

Wir wollen daran festhalten,
dass wir zur Gemeinschaft geboren sind.
Unsere Gesellschaft gleicht weitgehend einem Steingewölbe,
das zusammenbrechen würde,
wenn die Steine sich nicht gegenseitig tragen,
und das auf diese Weise zusammengehalten wird.

Lucius Annaeus Seneca (~1–65)
römischer Philosoph, Dramatiker, Naturforscher und Staatsmann

Birken

Es decken Augen, Ringe, Striche
Wie Götzendienst indianerhaft
Mit Grau und Schwarz den Birkenschaft,
Als ob er einer Seele gliche,
In der ein alter Weihekult
Noch nicht verderbt sei vor dem neuen.
Das Krongrün flüstert über scheuen
Und blinden Zeichen der Geduld.
Das Laub summt für die stille Schar.
»Was wahr gewesen ist, bleibt wahr.
Die Erde leitet das Geschehen
Mit Augen, die ihr Licht nicht sehen.

Oskar Loerke (1884 - 1941)
deutscher Dichter

In jedem Augenblick des Lebens
offenbart sich uns die Ewigkeit,
wenn wir nur die Augen öffnen,
um die Engel in den alltäglichen Dingen zu sehen.

Rainer Maria Rilke (1875 – 1926)
österreichischer Lyriker

Wir bauen die Berge, wir bauen eure Landschaft.
Es ist unsere Aufgabe, die Erde nach den Wünschen der
Göttin zu formen. Kein Stein liegt irgendwo aus Zufall, es
ist Absicht der großen Gestalter.
Sie haben sich ein Bild von dieser Erde gemacht
und wir arbeiten daran, es zu verwirklichen.
Wir sind noch nicht fertig, weil alles seine Zeit braucht,
manches braucht mehrere Millionen Jahre.
In jedem Stein, der auf die Erde kommt, ist ein lebendiges
Wesen, das müsst ihr euch vor Augen halten, wenn ihr
Steine so lieblos behandelt.

Zitat der Steingeister

Wenn du einen Baum fällst,
erkenne, dass du ein Wesen entfernst,
das Leben und Heilung spendet.
Pflanze einen neuen Baum,
um das Gleichgewicht zu wahren.

Weisheit der Sioux

Feuer reinigt, es hilft euch, die Angst zu überwinden.
Wer keine Angst vor Feuer hat und gezielt
mit ihm umgeht, lernt und wird weise.
Schaue in ein Kaminfeuer und fange an zu träumen.
Das Feuer erzählt euch Geschichten. Ihr könnt zu euch
selbst reisen bei einem Blick in die Flammen.
Ihr könnt euch selbst vergessen und euch finden.
Ihr müsst nur intensiv genug in dieses Feuer schauen.

Zitat der Feuergeister

Wenn wir die Steine ehren,
ehren wir die Erde und ihre Schöpfung.
Jeder Stein ist ein Teil des großen Ganzen.

Weisheit der Ojibwe

Pflanz einen Baum,
Und kannst du auch nicht ahnen,
Wer einst in seinem Schatten tanzt,
Bedenke Mensch:
Es haben deine Ahnen,
Eh' sie dich kannten,
Auch für dich gepflanzt!

Max Bewer (1861 - 1921)
deutscher Schriftsteller und Dichter

In der Enge unseres heimatlichen Gartens
kann es mehr Verborgenes geben
als hinter der Chinesischen Mauer.

Antoine de Saint-Exupéry (1900 – 1944)
französischer Schriftsteller und Pilot

Der Fluss und die Steine lehren uns,
dass selbst das Stärkste und Beständigste
durch Geduld und Zeit verändert werden kann.

Cherokee-Weisheit

Die Menschen müssen in der Weisheit
soviel als möglich nicht aus Büchern unterwiesen werden,
sondern aus dem Himmel, der Erde, den Eichen und
Buchen.

Johann Amos Comenius (1592 – 1670)
mährischer Philosoph, Pädagoge und evangelischer Theologe

Es ist vielleicht die köstlichste Eigenschaft an der Pflanze,
dass sie schweigend und bewegungslos in der Welt steht
und doch lebt und fühlt,
ganz Innerlichkeit.

August Pauly (1850 - 1914)
deutscher Naturwissenschaftler, Philosoph und Aphoristiker

Es tut mir weh, wenn ich sehe, wie lieblos die Steine
behandelt werden, obwohl sie äußerst wichtig sind
für euren Planeten. Sie schaffen das Gleichgewicht,
sorgen dafür, dass die Erde nicht kippt.
Auf Steinen wachsen Moose und Pilze,
die für andere Nahrung sind.
Wir kommunizieren mit den anderen Wesen,
wir haben ein langes Gedächtnis, das viele
Milliarden Jahre zurückreicht.
Wir können euch die Geschichte des Planeten erzählen,
wenn uns jemand fragt.

Zitat der Steingeister

Es ist nicht so sehr seine Schönheit,
die die Herzen der Menschen anspricht,
sondern das subtile Etwas, die Qualität der Luft,
die von den alten Bäumen ausgeht,
die einen müden Geist
so wunderbar verändert und erneuert.

Robert Louis Stevenson (1850 – 1894)
schottischer Schriftsteller

In den Wolken wirken die Luftgeister und Luftelfen.
Ihr Zuständigkeitsgebiet ist ein Teil des Wetters,
alles, was von oben kommt.
Sie lehnen die festgefahrenen Pfade ab,
etwas Ungewöhnliches zu probieren
ist die Essenz ihres Lebens.

Renate Strang

Der Stein ist stumm,
aber sein Schweigen spricht Bände.
Es erzählt von der Beständigkeit
und dem ewigen Kreislauf der Natur.

Apache-Weisheit

Die Welt ist ein schöner Ort, und es ist unsere Pflicht,
sie für die kommenden Generationen zu bewahren.
Jeder Baum, den wir pflanzen, ist ein Beitrag dazu.

Mahatma Gandhi (1869 – 1948)
indischer Rechtsanwalt, Publizist, Morallehrer, Asket und Pazifist

Pflanzengötter sind heilig,
denn Pflanzen sind eure Nahrung,
sind die Grundlage für eure Nahrung
und ihr sollt heiligen, was euch nährt,
was die Tiere nährt, die ihr esst.

Priester der Pflanzengötter

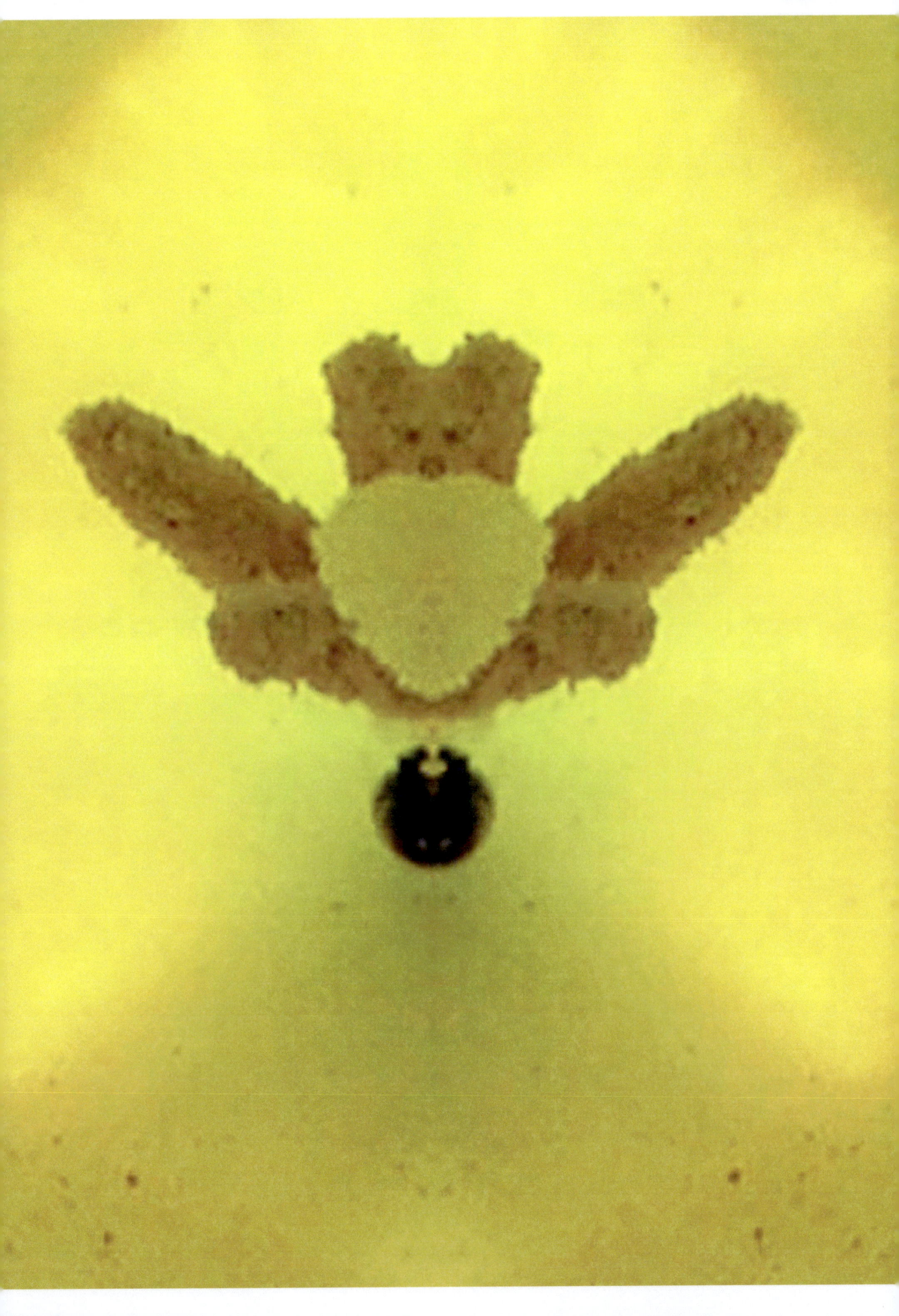

Die mineralische Welt ist die Grundlage
unserer physischen Welt.
Aber die Mineralien sind nicht leblos;
sie sind durchdrungen von geistigen Kräften.

Rudolf Steiner (1861 – 1925)
österreichischer Schriftsteller, Theosoph und Reformpädagoge
sowie Begründer der Anthroposophie

Die Bäume sind die Hände der Erde,
die nach dem Himmel greifen
und uns daran erinnern,
dass wir alle miteinander verbunden sind.

Weisheit der Zuni

Mit einem Feuer fühlt der Mensch sich niemals allein.
Die Flamme kann Gesellschaft leisten –
darin steckt der Urzusammenhang
zwischen Flamme und Seele.

Oswald Spengler (1880 - 1936)
deutscher Kultur- und Geschichtsphilosoph

Die Steine sind die Ahnen der Erde,
die das Wissen der Zeit in sich tragen.

Sioux-Sprichwort

Ein ganzes Leben reicht nicht aus,
das Wesen der Bäume zu ergründen.
Macht euch mit Bäumen vertraut,
mit ihrer Natur, ihrem Wachstum, ihrer Bewegung.
Begreift sie als lebendige Wesen
mit Kümmernissen und Sehnsüchten,
die den unseren nicht einmal so unähnlich sind.

John F. Carlson (1875 – 1947)
amerikanischer impressionistischer Maler

Wolken sind die majestätischen Götter des Himmels;
sie sind die gütigen Beschützer,
die die Sonnenstrahlen mildern
und die Erde fruchtbar machen.

John Ruskin (1819 – 1900)
englischer Schriftsteller, Maler, Sozialreformer, Kunsthistoriker und Kunstkritiker

Die Alten sagen, dass wir die Erde nicht erben,
sondern sie von unseren Kindern leihen.
Der Stein ist das Gedächtnis der Erde
und erinnert uns an unsere Verantwortung.

Lakota-Sprichwort

Die Bäume sind die Hüter der Erde,
sie halten das Wissen der Vorfahren
und geben es weiter an diejenigen, die zuhören.

Weisheit der Zuni

Die Pilze sind wie Träume,
die aus der Erde kommen
und die Menschen in ihren Bann ziehen.

Adelbert von Chamisso (1781 – 1838)
deutscher Naturforscher und Dichter

Behandele einen Stein wie eine Pflanze,
eine Pflanze wie ein Tier und
ein Tier wie einen Menschen.

Indianische Weisheit

Alle Dinge sind miteinander verbunden,
wie das Blut, das eine Familie vereint.
Was immer dem Land widerfährt,
widerfährt auch den Kindern des Landes.
Der Mensch hat das Netz des Lebens nicht gewebt,
er ist lediglich ein Strang darin.
Was immer er dem Netz antut,
das tut er sich selbst an.

Häuptling Seattle (? – 1866)
Häuptling der Suquamish und Duwamish,

Pilze, die man nicht kennt,
sollte man bewundern
und stehen lassen.

Georg Christoph Lichtenberg (1742 – 1799)
deutscher Physiker, Naturforscher, Mathematiker, Schriftsteller

Der Fluss und die Steine lehren uns,
dass selbst das Stärkste und Beständigste
durch Geduld und Zeit verändert werden kann.

Cherokee-Weisheit

Der beste Zeitpunkt, einen Baum zu pflanzen,
war vor zwanzig Jahren.
Der zweitbeste Zeitpunkt ist jetzt.

Altes chinesisches Sprichwort

Der Feuergeist, er weckt die Lust,
in jedem Herzen wild und kühn;
er stürzt sich in des Lebens Fluss
und lässt die Flammen glühend sprühn.

Friedrich Schiller (1759 – 1805)
Deutscher Dichter, Philosoph, Historiker und Arzt

Erklimme die Berge und spüre die gute Energie.
Der Friede in der Natur wird in dich fließen
wie der Sonnenschein, der die Bäume nährt.
Der Wind wird dich erfrischen,
der Sturm dich mit Kraft erfüllen
und alle deine Sorgen werden abfallen
von dir, wie Herbstblätter.

John Muir (1838 – 1914)
schottisch-US-amerikanischer Universalgelehrter

Der wahre Wert eines Menschen besteht nicht
in dem, was er besitzt,
sondern in dem, was er den anderen gibt.
Bäume geben uns das Leben.
Sie sind das wahre Symbol des Gebens.

Albert Schweitzer (1875 – 1965)
deutsch-französischer Forscher, Arzt, Philosoph, evangelischer Theologe, Organist,
Musikwissenschaftler und Pazifist

Über die Autorin

Renate Strang, Jahrgang 1953, lebt in der Gemeinde Kirchlinteln/Niedersachsen. Während ihres Studiums der Geophysik in Clausthal-Zellerfeld entdeckte sie ihre Begabung für das Schreiben und wechselte als Texterin in eine Werbeagentur. Seit 1980 ist sie selbständig und hat nebenbei viele Jahre als Journalistin gearbeitet. In verschiedenen Anthologien sind Gedichte und Kurzgeschichten aus ihrer Feder veröffentlicht. Neben dem Schreiben ist Fotografie ihr Hobby, bei dem sie sich als gute Beobachterin auszeichnet.

Die Liebe zur Natur hat Renate Strang von Kindesbeinen an begleitet und spiegelt sich in ihren Fotos und Gedichten wider. Die Fähigkeit, Elfen, Baum- und Steingeister sowie andere Naturwesen fotografieren zu können und später auch zu sehen, hat ihr Weltbild und ihr Leben verändert. Es ist geprägt von einer tiefen Spiritualität und dem Wunsch, die Naturwesen im Bewusstsein der Menschen neu zu verankern.

Kontakt: kontakt@elfenfreunde.de

Weitere Bücher der Autorin

Baumphantasien
50 gespiegelte Fotos von Bäumen mit Texten und Gedichten
ISBN 978-3-8482-1653-6

Elfen, Götter, Feuergeister
Gespräche in der Anderswelt
ISBN 978-3-8482-0662-9

Götter, Engel, Lichtgestalten
Gespräche mit Hütern und Helfern der Menschheit
ISBN 9783748107644

Von Einhörnern, Drachen und Reisen durch die Zeit
Begegnungen mit Naturgeistern, Lichtwesen und versunkenen Kulturen
ISBN-13: 9783748138532

Elfen. Es gibt sie!
Mit Original-Elfenfotos
ISBN 9783748107729

Alle Bücher unter: www.renate-strang.de